RESTAURANT DETAILS

Name	
Address	
Email	
Phone Number	
Fax Number	
Work Number	

LOG BOOK DETAILS

Log Start Date	
Log Book Number	

DATE _/_/_

Reservations

TIME	#PEOPLE	NAME	PHONE	NOTES

DATE _/_/_ # Reservations

TIME	#PEOPLE	NAME	PHONE	NOTES

DATE _/_/_   *Reservations*

TIME	#PEOPLE	NAME	PHONE	NOTES

DATE __/__/__

Reservations

TIME	#PEOPLE	NAME	PHONE	NOTES

DATE _/_/_ # Reservations

TIME	#PEOPLE	NAME	PHONE	NOTES

DATE _/_/_ # Reservations

TIME	#PEOPLE	NAME	PHONE	NOTES

DATE _/_/_

Reservations

TIME	#PEOPLE	NAME	PHONE	NOTES

DATE _/_/_

Reservations

TIME	#PEOPLE	NAME	PHONE	NOTES

DATE __/__/__   *Reservations*

TIME	#PEOPLE	NAME	PHONE	NOTES

DATE __/__/__ *Reservations*

TIME	#PEOPLE	NAME	PHONE	NOTES

DATE __/__/__

Reservations

TIME	#PEOPLE	NAME	PHONE	NOTES

DATE _/_/_ ## Reservations

TIME	#PEOPLE	NAME	PHONE	NOTES

Reservations

DATE _/_/_

TIME	#PEOPLE	NAME	PHONE	NOTES

DATE __/__/__

Reservations

TIME	#PEOPLE	NAME	PHONE	NOTES

Reservations

DATE _/_/_

TIME	#PEOPLE	NAME	PHONE	NOTES

DATE __/__/__

Reservations

TIME	#PEOPLE	NAME	PHONE	NOTES

DATE _/_/_

Reservations

TIME	#PEOPLE	NAME	PHONE	NOTES

DATE _/_/_   *Reservations*

TIME	#PEOPLE	NAME	PHONE	NOTES

Reservations

DATE _/_/_

TIME	#PEOPLE	NAME	PHONE	NOTES

DATE _/_/_ # Reservations

TIME	#PEOPLE	NAME	PHONE	NOTES

DATE _/_/_

Reservations

TIME	#PEOPLE	NAME	PHONE	NOTES

DATE _/_/_   Reservations

TIME	#PEOPLE	NAME	PHONE	NOTES

DATE __/__/__

Reservations

TIME	#PEOPLE	NAME	PHONE	NOTES

DATE _/_/_ # Reservations

TIME	#PEOPLE	NAME	PHONE	NOTES

DATE _/_/_ *Reservations*

TIME	#PEOPLE	NAME	PHONE	NOTES

DATE ___/___/___   *Reservations*

TIME	#PEOPLE	NAME	PHONE	NOTES

DATE _/_/_ *Reservations*

TIME	#PEOPLE	NAME	PHONE	NOTES

Reservations

DATE __/__/__

TIME	#PEOPLE	NAME	PHONE	NOTES

DATE _/_/_ ## Reservations

TIME	#PEOPLE	NAME	PHONE	NOTES

DATE _/_/_

Reservations

TIME	#PEOPLE	NAME	PHONE	NOTES

DATE _/_/_

Reservations

TIME	#PEOPLE	NAME	PHONE	NOTES

DATE _/_/_ Reservations

TIME	#PEOPLE	NAME	PHONE	NOTES

DATE _/_/_ # Reservations

TIME	#PEOPLE	NAME	PHONE	NOTES

DATE _/_/_ Reservations

TIME	#PEOPLE	NAME	PHONE	NOTES

DATE _/_/_

Reservations

TIME	#PEOPLE	NAME	PHONE	NOTES

DATE __/__/__   *Reservations*

TIME	#PEOPLE	NAME	PHONE	NOTES

DATE _/_/_   *Reservations*

TIME	#PEOPLE	NAME	PHONE	NOTES

DATE _/_/_

Reservations

TIME	#PEOPLE	NAME	PHONE	NOTES

DATE _/_/_

Reservations

TIME	#PEOPLE	NAME	PHONE	NOTES

DATE __/__/__

Reservations

TIME	#PEOPLE	NAME	PHONE	NOTES

DATE _/_/_

Reservations

TIME	#PEOPLE	NAME	PHONE	NOTES

DATE __/__/__ # Reservations

TIME	#PEOPLE	NAME	PHONE	NOTES

DATE _/_/_

Reservations

TIME	#PEOPLE	NAME	PHONE	NOTES

DATE _/_/_

Reservations

TIME	#PEOPLE	NAME	PHONE	NOTES

DATE _/_/_

Reservations

TIME	#PEOPLE	NAME	PHONE	NOTES

DATE _/_/_ # Reservations

TIME	#PEOPLE	NAME	PHONE	NOTES

DATE _/_/_

Reservations

TIME	#PEOPLE	NAME	PHONE	NOTES

DATE _/_/_

Reservations

TIME	#PEOPLE	NAME	PHONE	NOTES

DATE _/_/_

Reservations

TIME	#PEOPLE	NAME	PHONE	NOTES

DATE __/__/__   *Reservations*

TIME	#PEOPLE	NAME	PHONE	NOTES

DATE __/__/__

Reservations

TIME	#PEOPLE	NAME	PHONE	NOTES

DATE __/__/__

Reservations

TIME	#PEOPLE	NAME	PHONE	NOTES

DATE _/_/_

Reservations

TIME	#PEOPLE	NAME	PHONE	NOTES

DATE _/_/_

Reservations

TIME	#PEOPLE	NAME	PHONE	NOTES

DATE _/_/_

Reservations

TIME	#PEOPLE	NAME	PHONE	NOTES

DATE _/_/_ # *Reservations*

TIME	#PEOPLE	NAME	PHONE	NOTES

DATE _/_/_ # Reservations

TIME	#PEOPLE	NAME	PHONE	NOTES

DATE __/__/__

Reservations

TIME	#PEOPLE	NAME	PHONE	NOTES

DATE _/_/_ | Reservations

TIME	#PEOPLE	NAME	PHONE	NOTES

Reservations

TIME	#PEOPLE	NAME	PHONE	NOTES

DATE __/__/__

Reservations

TIME	#PEOPLE	NAME	PHONE	NOTES

DATE __/__/__

Reservations

TIME	#PEOPLE	NAME	PHONE	NOTES

DATE __/__/__

Reservations

TIME	#PEOPLE	NAME	PHONE	NOTES

DATE __/__/__

Reservations

TIME	#PEOPLE	NAME	PHONE	NOTES

DATE _/_/_ *Reservations*

TIME	#PEOPLE	NAME	PHONE	NOTES

DATE _/_/_ **Reservations**

TIME	#PEOPLE	NAME	PHONE	NOTES

DATE __/__/__

Reservations

TIME	#PEOPLE	NAME	PHONE	NOTES

DATE _/_/_

Reservations

TIME	#PEOPLE	NAME	PHONE	NOTES

DATE _/_/_ *Reservations*

TIME	#PEOPLE	NAME	PHONE	NOTES

DATE _/_/_

Reservations

TIME	#PEOPLE	NAME	PHONE	NOTES

DATE __/__/__

Reservations

TIME	#PEOPLE	NAME	PHONE	NOTES

DATE _/_/_

Reservations

TIME	#PEOPLE	NAME	PHONE	NOTES

DATE _/_/_ # Reservations

TIME	#PEOPLE	NAME	PHONE	NOTES

DATE _/_/_ Reservations

TIME	#PEOPLE	NAME	PHONE	NOTES

Reservations

DATE _/_/_

TIME	#PEOPLE	NAME	PHONE	NOTES

DATE _/_/_ # Reservations

TIME	#PEOPLE	NAME	PHONE	NOTES

Reservations

DATE _/_/_

TIME	#PEOPLE	NAME	PHONE	NOTES

DATE __/__/__   *Reservations*

TIME	#PEOPLE	NAME	PHONE	NOTES

Reservations

DATE __/__/__

TIME	#PEOPLE	NAME	PHONE	NOTES

DATE _/_/_

Reservations

TIME	#PEOPLE	NAME	PHONE	NOTES

DATE __/__/__

Reservations

TIME	#PEOPLE	NAME	PHONE	NOTES

DATE __/__/__ Reservations

TIME	#PEOPLE	NAME	PHONE	NOTES

DATE __/__/__

Reservations

TIME	#PEOPLE	NAME	PHONE	NOTES

DATE __/__/__

Reservations

TIME	#PEOPLE	NAME	PHONE	NOTES

DATE _/_/_

Reservations

TIME	#PEOPLE	NAME	PHONE	NOTES

DATE __/__/__

Reservations

TIME	#PEOPLE	NAME	PHONE	NOTES

DATE _/_/_

Reservations

TIME	#PEOPLE	NAME	PHONE	NOTES

DATE _/_/_ *Reservations*

TIME	#PEOPLE	NAME	PHONE	NOTES

DATE _/_/_   # Reservations

TIME	#PEOPLE	NAME	PHONE	NOTES

DATE _/_/_ Reservations

TIME	#PEOPLE	NAME	PHONE	NOTES

DATE _/_/_

Reservations

TIME	#PEOPLE	NAME	PHONE	NOTES

DATE _/_/_ | Reservations

TIME	#PEOPLE	NAME	PHONE	NOTES

DATE _/_/_ # Reservations

TIME	#PEOPLE	NAME	PHONE	NOTES

DATE _/_/_   *Reservations*

TIME	#PEOPLE	NAME	PHONE	NOTES

Reservations

DATE __/__/__

TIME	#PEOPLE	NAME	PHONE	NOTES

DATE __/__/__

Reservations

TIME	#PEOPLE	NAME	PHONE	NOTES

DATE _/_/_

Reservations

TIME	#PEOPLE	NAME	PHONE	NOTES

DATE _/_/_

Reservations

TIME	#PEOPLE	NAME	PHONE	NOTES

DATE _/_/_

Reservations

TIME	#PEOPLE	NAME	PHONE	NOTES

DATE __/__/__

Reservations

TIME	#PEOPLE	NAME	PHONE	NOTES

Reservations

DATE _/_/_

TIME	#PEOPLE	NAME	PHONE	NOTES

DATE _/_/_ # Reservations

TIME	#PEOPLE	NAME	PHONE	NOTES

DATE _/_/_

Reservations

TIME	#PEOPLE	NAME	PHONE	NOTES

DATE __/__/__

Reservations

TIME	#PEOPLE	NAME	PHONE	NOTES

DATE _/_/_

Reservations

TIME	#PEOPLE	NAME	PHONE	NOTES

DATE _/_/_

Reservations

TIME	#PEOPLE	NAME	PHONE	NOTES

DATE __/__/__

Reservations

TIME	#PEOPLE	NAME	PHONE	NOTES

Reservations

TIME	#PEOPLE	NAME	PHONE	NOTES

DATE _/_/_ # Reservations

TIME	#PEOPLE	NAME	PHONE	NOTES

DATE _/_/_

Reservations

TIME	#PEOPLE	NAME	PHONE	NOTES

DATE __/__/__

Reservations

TIME	#PEOPLE	NAME	PHONE	NOTES

DATE _/_/_

Reservations

TIME	#PEOPLE	NAME	PHONE	NOTES

DATE _/_/_

Reservations

TIME	#PEOPLE	NAME	PHONE	NOTES

DATE __/__/__   *Reservations*

TIME	#PEOPLE	NAME	PHONE	NOTES

DATE __/__/__

Reservations

TIME	#PEOPLE	NAME	PHONE	NOTES

Reservations

DATE _/_/_

TIME	#PEOPLE	NAME	PHONE	NOTES

DATE _/_/_   # Reservations

TIME	#PEOPLE	NAME	PHONE	NOTES

DATE _/_/_   Reservations

TIME	#PEOPLE	NAME	PHONE	NOTES

DATE _/_/_

Reservations

TIME	#PEOPLE	NAME	PHONE	NOTES

Reservations

DATE __/__/__

TIME	#PEOPLE	NAME	PHONE	NOTES

DATE__/__/__

Reservations

TIME	#PEOPLE	NAME	PHONE	NOTES

DATE _/_/_

Reservations

TIME	#PEOPLE	NAME	PHONE	NOTES

DATE _/_/_

Reservations

TIME	#PEOPLE	NAME	PHONE	NOTES

DATE _/_/_

Reservations

TIME	#PEOPLE	NAME	PHONE	NOTES

DATE _/_/_

Reservations

TIME	#PEOPLE	NAME	PHONE	NOTES

DATE _/_/_ # Reservations

TIME	#PEOPLE	NAME	PHONE	NOTES

DATE _/_/_ Reservations

TIME	#PEOPLE	NAME	PHONE	NOTES

DATE __/__/__

Reservations

TIME	#PEOPLE	NAME	PHONE	NOTES

DATE _/_/_ # *Reservations*

TIME	#PEOPLE	NAME	PHONE	NOTES

DATE _/_/_

Reservations

TIME	#PEOPLE	NAME	PHONE	NOTES

DATE __/__/__

Reservations

TIME	#PEOPLE	NAME	PHONE	NOTES

DATE ___/___/___

Reservations

TIME	#PEOPLE	NAME	PHONE	NOTES

DATE __/__/__ *Reservations*

TIME	#PEOPLE	NAME	PHONE	NOTES

DATE _/_/_

Reservations

TIME	#PEOPLE	NAME	PHONE	NOTES

Reservations

TIME	#PEOPLE	NAME	PHONE	NOTES

DATE __/__/__

Reservations

TIME	#PEOPLE	NAME	PHONE	NOTES

Reservations

DATE _/_/_

TIME	#PEOPLE	NAME	PHONE	NOTES

DATE _/_/_ # Reservations

TIME	#PEOPLE	NAME	PHONE	NOTES

DATE __/__/__

Reservations

TIME	#PEOPLE	NAME	PHONE	NOTES

DATE __/__/__

Reservations

TIME	#PEOPLE	NAME	PHONE	NOTES

DATE __/__/__

Reservations

TIME	#PEOPLE	NAME	PHONE	NOTES

DATE _/_/_

Reservations

TIME	#PEOPLE	NAME	PHONE	NOTES

DATE _/_/_

Reservations

TIME	#PEOPLE	NAME	PHONE	NOTES

DATE __/__/__

Reservations

TIME	#PEOPLE	NAME	PHONE	NOTES

DATE _/_/_

Reservations

TIME	#PEOPLE	NAME	PHONE	NOTES

DATE _/_/_

Reservations

TIME	#PEOPLE	NAME	PHONE	NOTES

DATE __/__/__ *Reservations*

TIME	#PEOPLE	NAME	PHONE	NOTES

Reservations

DATE _/_/_

TIME	#PEOPLE	NAME	PHONE	NOTES

DATE _/_/_

Reservations

TIME	#PEOPLE	NAME	PHONE	NOTES

DATE _/_/_ Reservations

TIME	#PEOPLE	NAME	PHONE	NOTES

DATE _/_/_

Reservations

TIME	#PEOPLE	NAME	PHONE	NOTES

DATE __/__/__

Reservations

TIME	#PEOPLE	NAME	PHONE	NOTES

DATE _/_/_ # Reservations

TIME	#PEOPLE	NAME	PHONE	NOTES

DATE _/_/_

Reservations

TIME	#PEOPLE	NAME	PHONE	NOTES

DATE _/_/_

Reservations

TIME	#PEOPLE	NAME	PHONE	NOTES

DATE _/_/_

Reservations

TIME	#PEOPLE	NAME	PHONE	NOTES

DATE __/__/__ # Reservations

TIME	#PEOPLE	NAME	PHONE	NOTES

DATE _/_/_ # Reservations

TIME	#PEOPLE	NAME	PHONE	NOTES

Reservations

DATE _/_/_

TIME	#PEOPLE	NAME	PHONE	NOTES

Reservations

DATE _/_/_

TIME	#PEOPLE	NAME	PHONE	NOTES

DATE _/_/_

Reservations

TIME	#PEOPLE	NAME	PHONE	NOTES

DATE _/_/_

Reservations

TIME	#PEOPLE	NAME	PHONE	NOTES

DATE __/__/__

Reservations

TIME	#PEOPLE	NAME	PHONE	NOTES

DATE _/_/_   *Reservations*

TIME	#PEOPLE	NAME	PHONE	NOTES

Reservations

TIME	#PEOPLE	NAME	PHONE	NOTES

DATE _/_/_

Reservations

TIME	#PEOPLE	NAME	PHONE	NOTES

DATE _/_/_

Reservations

TIME	#PEOPLE	NAME	PHONE	NOTES

DATE _/_/_   *Reservations*

TIME	#PEOPLE	NAME	PHONE	NOTES

DATE _/_/_

Reservations

TIME	#PEOPLE	NAME	PHONE	NOTES

DATE _/_/_ Reservations

TIME	#PEOPLE	NAME	PHONE	NOTES

Reservations

DATE _/_/_

TIME	#PEOPLE	NAME	PHONE	NOTES

DATE _/_/_

Reservations

TIME	#PEOPLE	NAME	PHONE	NOTES

Reservations

DATE _/_/_

TIME	#PEOPLE	NAME	PHONE	NOTES

DATE _/_/_

Reservations

TIME	#PEOPLE	NAME	PHONE	NOTES

DATE _/_/_ *Reservations*

TIME	#PEOPLE	NAME	PHONE	NOTES

DATE __/__/__

Reservations

TIME	#PEOPLE	NAME	PHONE	NOTES

DATE _/_/_ *Reservations*

TIME	#PEOPLE	NAME	PHONE	NOTES

DATE _/_/_

Reservations

TIME	#PEOPLE	NAME	PHONE	NOTES

DATE __/__/__

Reservations

TIME	#PEOPLE	NAME	PHONE	NOTES

DATE _/_/_

Reservations

TIME	#PEOPLE	NAME	PHONE	NOTES

DATE _/_/_

Reservations

TIME	#PEOPLE	NAME	PHONE	NOTES

DATE _/_/_

Reservations

TIME	#PEOPLE	NAME	PHONE	NOTES

DATE _/_/_

Reservations

TIME	#PEOPLE	NAME	PHONE	NOTES

DATE _/_/_

Reservations

TIME	#PEOPLE	NAME	PHONE	NOTES

DATE _/_/_

Reservations

TIME	#PEOPLE	NAME	PHONE	NOTES

DATE _/_/_

Reservations

TIME	#PEOPLE	NAME	PHONE	NOTES

DATE __/__/__

Reservations

TIME	#PEOPLE	NAME	PHONE	NOTES

DATE __/__/__

Reservations

TIME	#PEOPLE	NAME	PHONE	NOTES

DATE _/_/_ *Reservations*

TIME	#PEOPLE	NAME	PHONE	NOTES

DATE _/_/_

Reservations

TIME	#PEOPLE	NAME	PHONE	NOTES

DATE _/_/_

Reservations

TIME	#PEOPLE	NAME	PHONE	NOTES

DATE __/__/__   *Reservations*

TIME	#PEOPLE	NAME	PHONE	NOTES

DATE __/__/__

Reservations

TIME	#PEOPLE	NAME	PHONE	NOTES

DATE __/__/__

Reservations

TIME	#PEOPLE	NAME	PHONE	NOTES

DATE _/_/_

Reservations

TIME	#PEOPLE	NAME	PHONE	NOTES

DATE __/__/__

Reservations

TIME	#PEOPLE	NAME	PHONE	NOTES

DATE _/_/_ ## Reservations

TIME	#PEOPLE	NAME	PHONE	NOTES

DATE _/_/_

Reservations

TIME	#PEOPLE	NAME	PHONE	NOTES

DATE _/_/_

Reservations

TIME	#PEOPLE	NAME	PHONE	NOTES

DATE _/_/_

Reservations

TIME	#PEOPLE	NAME	PHONE	NOTES

Reservations

DATE _/_/_

TIME	#PEOPLE	NAME	PHONE	NOTES

DATE _/_/_ # Reservations

TIME	#PEOPLE	NAME	PHONE	NOTES

DATE _/_/_ Reservations

TIME	#PEOPLE	NAME	PHONE	NOTES

DATE _/_/_

Reservations

TIME	#PEOPLE	NAME	PHONE	NOTES

DATE __/__/__

Reservations

TIME	#PEOPLE	NAME	PHONE	NOTES

Reservations

DATE __/__/__

TIME	#PEOPLE	NAME	PHONE	NOTES

DATE _/_/_

Reservations

TIME	#PEOPLE	NAME	PHONE	NOTES

DATE __/__/__

Reservations

TIME	#PEOPLE	NAME	PHONE	NOTES

DATE _/_/_

Reservations

TIME	#PEOPLE	NAME	PHONE	NOTES

DATE _/_/_

Reservations

TIME	#PEOPLE	NAME	PHONE	NOTES

DATE __/__/__

Reservations

TIME	#PEOPLE	NAME	PHONE	NOTES

DATE _/_/_

Reservations

TIME	#PEOPLE	NAME	PHONE	NOTES

DATE _/_/_

Reservations

TIME	#PEOPLE	NAME	PHONE	NOTES

DATE __/__/__

Reservations

TIME	#PEOPLE	NAME	PHONE	NOTES

DATE __/__/__

Reservations

TIME	#PEOPLE	NAME	PHONE	NOTES

DATE _/_/_

Reservations

TIME	#PEOPLE	NAME	PHONE	NOTES

DATE _/_/_

Reservations

TIME	#PEOPLE	NAME	PHONE	NOTES

DATE _/_/_

Reservations

TIME	#PEOPLE	NAME	PHONE	NOTES

DATE _/_/_ Reservations

TIME	#PEOPLE	NAME	PHONE	NOTES

DATE _/_/_

Reservations

TIME	#PEOPLE	NAME	PHONE	NOTES

DATE __/__/__

Reservations

TIME	#PEOPLE	NAME	PHONE	NOTES

Reservations

DATE _/_/_

TIME	#PEOPLE	NAME	PHONE	NOTES

DATE _/_/_

Reservations

TIME	#PEOPLE	NAME	PHONE	NOTES

DATE _/_/_

Reservations

TIME	#PEOPLE	NAME	PHONE	NOTES

DATE _/_/_

Reservations

TIME	#PEOPLE	NAME	PHONE	NOTES

DATE _/_/_

Reservations

TIME	#PEOPLE	NAME	PHONE	NOTES

DATE _/_/_

Reservations

TIME	#PEOPLE	NAME	PHONE	NOTES

DATE _/_/_

Reservations

TIME	#PEOPLE	NAME	PHONE	NOTES

DATE _/_/_ Reservations

TIME	#PEOPLE	NAME	PHONE	NOTES

Reservations

DATE _/_/_

TIME	#PEOPLE	NAME	PHONE	NOTES

DATE _/_/_   *Reservations*

TIME	#PEOPLE	NAME	PHONE	NOTES

Reservations

TIME	#PEOPLE	NAME	PHONE	NOTES

DATE _/_/_ Reservations

TIME	#PEOPLE	NAME	PHONE	NOTES

DATE _/_/_

Reservations

TIME	#PEOPLE	NAME	PHONE	NOTES

DATE _/_/_

Reservations

TIME	#PEOPLE	NAME	PHONE	NOTES

DATE _/_/_

Reservations

TIME	#PEOPLE	NAME	PHONE	NOTES

DATE __/__/__

Reservations

TIME	#PEOPLE	NAME	PHONE	NOTES

DATE _/_/_

Reservations

TIME	#PEOPLE	NAME	PHONE	NOTES

DATE __/__/__

Reservations

TIME	#PEOPLE	NAME	PHONE	NOTES

DATE _/_/_

Reservations

TIME	#PEOPLE	NAME	PHONE	NOTES

DATE _/_/_

Reservations

TIME	#PEOPLE	NAME	PHONE	NOTES

DATE _/_/_

Reservations

TIME	#PEOPLE	NAME	PHONE	NOTES

DATE __/__/__

Reservations

TIME	#PEOPLE	NAME	PHONE	NOTES

DATE _/_/_

Reservations

TIME	#PEOPLE	NAME	PHONE	NOTES

DATE __/__/__   *Reservations*

TIME	#PEOPLE	NAME	PHONE	NOTES

DATE _/_/_

Reservations

TIME	#PEOPLE	NAME	PHONE	NOTES

DATE __/__/__

Reservations

TIME	#PEOPLE	NAME	PHONE	NOTES

DATE _/_/_

Reservations

TIME	#PEOPLE	NAME	PHONE	NOTES

DATE _/_/_ Reservations

TIME	#PEOPLE	NAME	PHONE	NOTES

DATE _/_/_

Reservations

TIME	#PEOPLE	NAME	PHONE	NOTES

DATE __/__/__

Reservations

TIME	#PEOPLE	NAME	PHONE	NOTES

DATE _/_/_

Reservations

TIME	#PEOPLE	NAME	PHONE	NOTES

DATE __/__/__

Reservations

TIME	#PEOPLE	NAME	PHONE	NOTES

DATE _/_/_

Reservations

TIME	#PEOPLE	NAME	PHONE	NOTES

Reservations

TIME	#PEOPLE	NAME	PHONE	NOTES

DATE _/_/_   Reservations

TIME	#PEOPLE	NAME	PHONE	NOTES

DATE __/__/__   *Reservations*

TIME	#PEOPLE	NAME	PHONE	NOTES

DATE _/_/_

Reservations

TIME	#PEOPLE	NAME	PHONE	NOTES

Reservations

TIME	#PEOPLE	NAME	PHONE	NOTES

DATE _/_/_

Reservations

TIME	#PEOPLE	NAME	PHONE	NOTES

DATE __/__/__   Reservations

TIME	#PEOPLE	NAME	PHONE	NOTES

DATE _/_/_

Reservations

TIME	#PEOPLE	NAME	PHONE	NOTES

Reservations

TIME	#PEOPLE	NAME	PHONE	NOTES

DATE _/_/_ # Reservations

TIME	#PEOPLE	NAME	PHONE	NOTES

DATE _/_/_

Reservations

TIME	#PEOPLE	NAME	PHONE	NOTES

DATE _/_/_

Reservations

TIME	#PEOPLE	NAME	PHONE	NOTES

DATE _/_/_

Reservations

TIME	#PEOPLE	NAME	PHONE	NOTES

DATE _/_/_

Reservations

TIME	#PEOPLE	NAME	PHONE	NOTES

DATE _/_/_ Reservations

TIME	#PEOPLE	NAME	PHONE	NOTES

DATE _/_/_ # Reservations

TIME	#PEOPLE	NAME	PHONE	NOTES

DATE _/_/_   Reservations

TIME	#PEOPLE	NAME	PHONE	NOTES

DATE _/_/_

Reservations

TIME	#PEOPLE	NAME	PHONE	NOTES

DATE _/_/_   *Reservations*

TIME	#PEOPLE	NAME	PHONE	NOTES

DATE _/_/_   Reservations

TIME	#PEOPLE	NAME	PHONE	NOTES

DATE _/_/_ Reservations

TIME	#PEOPLE	NAME	PHONE	NOTES

DATE _/_/_   *Reservations*

TIME	#PEOPLE	NAME	PHONE	NOTES

DATE _/_/_ ### Reservations

TIME	#PEOPLE	NAME	PHONE	NOTES

DATE _/_/_

Reservations

TIME	#PEOPLE	NAME	PHONE	NOTES

DATE __/__/__

Reservations

TIME	#PEOPLE	NAME	PHONE	NOTES

DATE __/__/__

Reservations

TIME	#PEOPLE	NAME	PHONE	NOTES

DATE _/_/_

Reservations

TIME	#PEOPLE	NAME	PHONE	NOTES

DATE __/__/__   *Reservations*

TIME	#PEOPLE	NAME	PHONE	NOTES

DATE __/__/__   *Reservations*

TIME	#PEOPLE	NAME	PHONE	NOTES

DATE _/_/_

Reservations

TIME	#PEOPLE	NAME	PHONE	NOTES

DATE __/__/__ Reservations

TIME	#PEOPLE	NAME	PHONE	NOTES

Reservations

TIME	#PEOPLE	NAME	PHONE	NOTES

DATE __/__/__

Reservations

TIME	#PEOPLE	NAME	PHONE	NOTES

DATE _/_/_

Reservations

TIME	#PEOPLE	NAME	PHONE	NOTES

DATE _/_/_   *Reservations*

TIME	#PEOPLE	NAME	PHONE	NOTES

DATE _/_/_ # Reservations

TIME	#PEOPLE	NAME	PHONE	NOTES

DATE __/__/__ # Reservations

TIME	#PEOPLE	NAME	PHONE	NOTES

Reservations

DATE _/_/_

TIME	#PEOPLE	NAME	PHONE	NOTES

DATE _/_/_

Reservations

TIME	#PEOPLE	NAME	PHONE	NOTES

DATE _/_/_

Reservations

TIME	#PEOPLE	NAME	PHONE	NOTES

DATE __/__/__   Reservations

TIME	#PEOPLE	NAME	PHONE	NOTES

DATE __/__/__   *Reservations*

TIME	#PEOPLE	NAME	PHONE	NOTES

DATE _/_/_   *Reservations*

TIME	#PEOPLE	NAME	PHONE	NOTES

Reservations

DATE _/_/_

TIME	#PEOPLE	NAME	PHONE	NOTES

Reservations

DATE _/_/_

TIME	#PEOPLE	NAME	PHONE	NOTES

DATE __/__/__

Reservations

TIME	#PEOPLE	NAME	PHONE	NOTES

DATE _/_/_

Reservations

TIME	#PEOPLE	NAME	PHONE	NOTES

DATE __/__/__

Reservations

TIME	#PEOPLE	NAME	PHONE	NOTES

DATE __/__/__   # Reservations

TIME	#PEOPLE	NAME	PHONE	NOTES

DATE _/_/_

Reservations

TIME	#PEOPLE	NAME	PHONE	NOTES

DATE _/_/_ Reservations

TIME	#PEOPLE	NAME	PHONE	NOTES

DATE _/_/_

Reservations

TIME	#PEOPLE	NAME	PHONE	NOTES

DATE _/_/_

Reservations

TIME	#PEOPLE	NAME	PHONE	NOTES

DATE _/_/_

Reservations

TIME	#PEOPLE	NAME	PHONE	NOTES

DATE _/_/_ # Reservations

TIME	#PEOPLE	NAME	PHONE	NOTES

DATE _/_/_

Reservations

TIME	#PEOPLE	NAME	PHONE	NOTES

DATE __/__/__   *Reservations*

TIME	#PEOPLE	NAME	PHONE	NOTES

DATE _/_/_

Reservations

TIME	#PEOPLE	NAME	PHONE	NOTES

DATE _/_/_   *Reservations*

TIME	#PEOPLE	NAME	PHONE	NOTES

DATE __/__/__   *Reservations*

TIME	#PEOPLE	NAME	PHONE	NOTES

DATE __/__/__

Reservations

TIME	#PEOPLE	NAME	PHONE	NOTES

DATE _/_/_ Reservations

TIME	#PEOPLE	NAME	PHONE	NOTES

DATE __/__/__   *Reservations*

TIME	#PEOPLE	NAME	PHONE	NOTES

DATE _/_/_   # Reservations

TIME	#PEOPLE	NAME	PHONE	NOTES

DATE __/__/__

Reservations

TIME	#PEOPLE	NAME	PHONE	NOTES

DATE _/_/_

Reservations

TIME	#PEOPLE	NAME	PHONE	NOTES

DATE _/_/_

Reservations

TIME	#PEOPLE	NAME	PHONE	NOTES

DATE _/_/_   Reservations

TIME	#PEOPLE	NAME	PHONE	NOTES

DATE __/__/__   *Reservations*

TIME	#PEOPLE	NAME	PHONE	NOTES

DATE _/_/_

Reservations

TIME	#PEOPLE	NAME	PHONE	NOTES

DATE __/__/__   *Reservations*

TIME	#PEOPLE	NAME	PHONE	NOTES

DATE __/__/__   *Reservations*

TIME	#PEOPLE	NAME	PHONE	NOTES

DATE _/_/_

Reservations

TIME	#PEOPLE	NAME	PHONE	NOTES

DATE _/_/_

Reservations

TIME	#PEOPLE	NAME	PHONE	NOTES

DATE _/_/_

Reservations

TIME	#PEOPLE	NAME	PHONE	NOTES

DATE _/_/_

Reservations

TIME	#PEOPLE	NAME	PHONE	NOTES

DATE _/_/_   *Reservations*

TIME	#PEOPLE	NAME	PHONE	NOTES

DATE __/__/__

Reservations

TIME	#PEOPLE	NAME	PHONE	NOTES

DATE _/_/_ Reservations

TIME	#PEOPLE	NAME	PHONE	NOTES

DATE _/_/_   Reservations

TIME	#PEOPLE	NAME	PHONE	NOTES

DATE __/__/__

Reservations

TIME	#PEOPLE	NAME	PHONE	NOTES

DATE _/_/_

Reservations

TIME	#PEOPLE	NAME	PHONE	NOTES

DATE __/__/__

Reservations

TIME	#PEOPLE	NAME	PHONE	NOTES

DATE _/_/_

Reservations

TIME	#PEOPLE	NAME	PHONE	NOTES

DATE _/_/_

Reservations

TIME	#PEOPLE	NAME	PHONE	NOTES

DATE _/_/_

Reservations

TIME	#PEOPLE	NAME	PHONE	NOTES

DATE __/__/__ *Reservations*

TIME	#PEOPLE	NAME	PHONE	NOTES

DATE __/__/__ # Reservations

TIME	#PEOPLE	NAME	PHONE	NOTES

DATE _/_/_   Reservations

TIME	#PEOPLE	NAME	PHONE	NOTES

DATE _/_/_

Reservations

TIME	#PEOPLE	NAME	PHONE	NOTES

DATE _/_/_ # Reservations

TIME	#PEOPLE	NAME	PHONE	NOTES

DATE _/_/_

Reservations

TIME	#PEOPLE	NAME	PHONE	NOTES

DATE __/__/__   *Reservations*

TIME	#PEOPLE	NAME	PHONE	NOTES

Reservations

DATE _/_/_

TIME	#PEOPLE	NAME	PHONE	NOTES

DATE _/_/_ Reservations

TIME	#PEOPLE	NAME	PHONE	NOTES

DATE _/_/_ # Reservations

TIME	#PEOPLE	NAME	PHONE	NOTES

Reservations

TIME	#PEOPLE	NAME	PHONE	NOTES

DATE _/_/_

Reservations

TIME	#PEOPLE	NAME	PHONE	NOTES

DATE __/__/__

Reservations

TIME	#PEOPLE	NAME	PHONE	NOTES

Reservations

DATE _/_/_

TIME	#PEOPLE	NAME	PHONE	NOTES

Reservations

DATE __/__/__

TIME	#PEOPLE	NAME	PHONE	NOTES

DATE _/_/_

Reservations

TIME	#PEOPLE	NAME	PHONE	NOTES

DATE __/__/__   *Reservations*

TIME	#PEOPLE	NAME	PHONE	NOTES

Reservations

DATE __/__/__

TIME	#PEOPLE	NAME	PHONE	NOTES

DATE _/_/_

Reservations

TIME	#PEOPLE	NAME	PHONE	NOTES

DATE _/_/_

Reservations

TIME	#PEOPLE	NAME	PHONE	NOTES

DATE _/_/_ **Reservations**

TIME	#PEOPLE	NAME	PHONE	NOTES

DATE _/_/_ # Reservations

TIME	#PEOPLE	NAME	PHONE	NOTES

DATE _/_/_   *Reservations*

TIME	#PEOPLE	NAME	PHONE	NOTES

DATE __/__/__

Reservations

TIME	#PEOPLE	NAME	PHONE	NOTES

DATE _/_/_

Reservations

TIME	#PEOPLE	NAME	PHONE	NOTES

DATE _/_/_

Reservations

TIME	#PEOPLE	NAME	PHONE	NOTES

Made in the USA
Coppell, TX
23 May 2021